Leonardo Negri

# *SONAR*

poesie?

Impaginazione e fotocomposizione: Leonardo Negri

## *RESET*

E così la gomma azzurra
del vento butta
all'aria le bionde
foglie da tronchi muti di
libri nutrendo la negra
terra.

Volubili lemmi
e folti fra arpeggi
diversi.

*E adesso?*

*Cancellerò i trascorsi e/o rrori*
*ammansendone*
*di nuovi.*

Ovoli malevoli cupole
favolose di gnomi.
(o larve?)

Ma, e di certo, mausolei
di mosche

## *HOMO SAPIENS*

Provvidenziali altari
di prati
con Pan-sieri efficaci
d'imen-otteri.

Respira un rospo
sotto al ventre
del bosco.

Un serpente riflette
sulla celeste
mente.
(d'Omo [af]fluente)

Mentre
un esemplare di homo sapiens
(reo di gratuito e abietto
vilipendio...

Alle scimmie!)
(nonché alla Poesia;
e soprattutto...)

Si illude di poter tornar parte
pulsante
del tutto.

Ma appartiene
solo
ad una razza evolutivamente guasta.
(nonché tronca;
e soprattutto...)

## *CREDENTE!*

Credi che
creda in ciò che vedo?

Dunque t'informo
che la maggior parte del visibile
(invivibile)
mi fa ribrezzo!
(te compreso...)

E non crederei al "tuo" (cioè; ad innesto) dio
neppure se lo vedessi...

Mica son (s)oggetto ad imprinting
Io!

Come credo nel Dio Tilacino
anche se non esiste.

(Più!)

(Grazie a te...)

Perché ho scelto.

E Credo
nell'acquasantiera d'uno Stagno
celeste d'ali
di libellule!

Credo
nella liturgia del Bosco,
nelle concrete sue preghiere
di ragno,
nel suo sangue di linfa
e nel suo corpo

che si rinnova
di mosca!

E sì!

Io Credo in ogni religioso Incolto
di scivoli di serpenti
mistici!

Ci Crederò sempre!

## *(TA)BU? BO!*

Bestemmiate (proprio voi?!) di cose
contro natura?

(Di)vino!
Cioè...

E la favo-letta di quel tizio
spiri-toso?

Cristoforocolombo! Ma il vostro idolo
fu un mammifero o un fungo?

Cioè: e furon le spore
dunque?

Ma riuscire ad udire le travi della “propria”
(cioè; fotocopiata)
mente?
(o mulo?)

*Prego il Dio Tilacino*
*semplicemente*
*immaginandolo!*

*Libertà di culto o*
*libertà di culo?*
*Meglio entrambe!*
*(o nessuna?)*

Il controllo delle nascite e delle malattie veneree
potrebbe pure avere come
soggetto
la consapevolezza od
il profilattico
no?

Né la rappresa perversione
repressa porno-
religiosa
andrebbe (nu)trita
così troppo!

Ma...
Ed è questo il fatto (droga pesante!)
seriamente
divertente...

*"contronatura"?*

Ma udite ciò che dite?

Perché... eccola qua la fosca
fossa... e qui casca l'a..il
*cre*(pa)
*dente...*

A me risulta proprio il "vostro"
(cioè; da riporto)
muro
di cemento
a(r)mato
la cosa più satanica
mente

**CONTRO NATURA**

possibile!
(ed inimmaginabile...)

## *SCHIAVI DEI SERVI*

Che bella parodia
la “democrazia”!

E cioè quella prodezza grassa
che ti consente di sceglierti il...
Padrone!

Come un cane in vetrina
ma alla rovescia
come il riflesso...

*Non sto dicendo che la tirannia*
*conclamata*
*(cioè; con pedigree )*
*sia meno*
*peggio...*

*Oltre ogni etichetta...*

Io, però, non volendo padroni...
(né servi)

Preferisco che essi
mi siano imposti.

Voglio dire...

Preferisco rinunciare alla libertà di scegliere
il mio
padrone!

## *(DEMO)CRAZIA*

La realtà non conta!

Conta lo spicchio di distorsione
che si ha
della realtà.

Che bella invenzione la (demo)crazia!
Cioè...

Tu prendi due marionette, *(o anche tredici)*
crei, ad arte, un saporito dualismo e
le fai combattere fra di loro
alle spesse cicche del volgo...

Così che ogniuno possa tifare
per la "sua" (cioè; a compasso)
squadra
del cuore!
(inteso come muto
muscolo...)

Ed esultare pure
alla vitrea vittoria.

Illudendosi persino di poter essere
protagonista...

Di potere
determinare.

Ma che placebo geniale!

Basta un poco di...
vaselina
e... la dittatura...

Va su!
(e non per la mente...)

Tanto, e questo è l'importante...

Tu sei l'unico a vincere!
*In sæcula sæc(loc)ulorum...*

Giacché le marionette sono ambedue *(o trentatrè)*
tue!

## ***LIBERTÀ?***

*"Leggendoti si capisce proprio che sei*
*libero!"*

Sì!
in effetti...
mentalmente...
la libertà la rasento...

Forse!

ma...
più che altro...

È solo che sono
consapevole delle mie sbarre.

*"le mie sbarre sono me stesso!"*

*"siamo tutti liberi entro la nostra prigione!"*

*"prigioniero delle mie ali!"*

Sai?
La libertà schiavizza.

Un biglietto di petalo
con sorriso di margherita annesso...

## *LO SPAVENTAPASSERI*

E così ostento la mia “falce e martello”
solo
per respingere
tutti quei turgidi, brachitteri turdidi
che davvero si illudono
che *all’ombrta dei cipressi e dentro l’urne*
conformate *dal* pian*(t)*o...
Sia *il sonno della* vita
*men duro.*

(Nessuno ha mai davvero tradotto il Foscolo...)

Libertà di schiavitù?
Bu!

Ricordati che devi votare...

Dia Natura
è quel lucchetto
che apre ogni muro!

Nessuna umana, saccente regola.

Lasciamoli pure con i loro gerontofili
giocattoli.

Se poi
vogliono entrare uguale...

Io, di certo, non li caccio!

## *MARSUPI-ALI*

Gli unici conservatori che non detesto
restano
i celacanti.

L'unica rivoluzione in cui credo è quella
terrestre.
*(non esistono più le mezze stagioni*
*né la pizza ai quattro formaggi...)*

L'unica borsa che mi riguarda
è quella marsupiale.

*Consumate e consumatevi...*

*Inspiriamo e spiriamo!*

## *IL DIAVOLO DELLA TASMANIA*

Considerandola una diabolica invenzione
cattolica...

Non ho mai creduto al diavolo.
(né al wrestling...)

Sino a quando non ho visto il Diavolo!
(della Tasmania...)

E così sono diventato satanista!

Peccato che il mio adorato apostolo
raggiungerà il Cugino Tilacino in c...

Ima al museo!
(presto!)
(grazie a voi...)

## *IL PECCATO*

*E così offendiamo la pelle*
*con il pelo di altri*
*animali...*

Senza religione non esisterebbe
prostituzione.

Né pornografia.

Niente scorza
d'anima
in vendita.

Nessuna repressa
perversione
indotta.

*(Anche se, il vero peggio,*
*è prostituire*
*la mente!)*

Come usarlo,
se tuttavia ti tira,
solo per irrigare il cemento...

Resta il più stolto, contro Natura
peccato
(di spreco)
che (grazie al diavolo)
esista!

*Non si trasgredisce ciò che non esiste...*

## *IL SESSO*

Il sesso
non è virtù
né peccato.

Non è di vino
né sa di tanica.

*(A sproposito...*
*La monogamia è innaturale*
*per l'animale, non essendo il subcitato un uccello...*
*Homo sapiens e...*
*Siccome la funzione crea l'organo...*
*L'astinenza stitica regredisce a moncone...*
*L'anima!)*

Ma, più semplicemente,
la cosa più naturale
di questo e di qualunque altro
(cosmico)
mondo.

Come bere un bicchier d'acqua.
Come pisciare.

Come addentare
un pomo

## *UMANI BRANCHI*

Essendo un animale (ma con poca anima)
l'umano
tende a vivisezionarsi in branchi.

"Esistono" (ma, come Nosferatu,
non riflettono...)
le sette di destra e le sette
di sera.
Gli affettati di sinistra
e gli estremisti di centro. (un po' compassati...)

Ci sono i milanisti
e ci sono le interviste.
Sudisti e nudisti.
Gli islamici, gli islandesi e i gatti con le
coliche.

Ci sono i metalmeccanici, i metaldetector,
piazzisti e polli tipici.
Filosofi e figli,
gli operatori ecologici e lo spread,
ci sono i preti.
Ed esistono i poeti.

Come vola il geometra del sambuco ed il geometra
della betulla.
L'uccello pescatore
e quello giardiniere.
La cicogna nera e
la cicogna bianca.
C'è l'uccello del paradiso e c'è il diavolo
di Tasmania.
L'uva americana
e il merlo indiano.
La stella marina e quella

alpina.
I morsi di rosa canina ed i cerotti all'erba
gatta.

L'unica "sottilissima" (com'è la pelle...)
differenza
è che, per gli animali di Natura,
la speciazione
ha un'evolutiva, limpida
logica.

Per gli animali d'(in)cultura...

Matematico
il caso!

## *OSSI-MORO*

Ma dai!
Non sai cos'è un ossimoro?
(e pur sai sin troppo bene cos'è
un osso...)

Va bèe!

*Io lo capisco che, per te, il cristianesimo è il bene*
*totalitario!*
*Ma tu riesci a comprendere che, per me, (ed altrui...)*
*al massimo,*
*e se va bene,*
*e cioè se applicato*
*al significato...*

*Di torta può esser*
*ma solo una fetta?*

Ti getto
un esempio...

Attento!

*"democrazia cristiana"*

Afferrato
adesso?

## *X & 2*

Oggi X
ha vinto le elezioni
e sempre oggi 2
le ha perse!

Che dire...
Sono contento per 2
ma mi dispiace per X!

Ma adesso mi rituffo
nella realtà del Bosco!

Fra i lamponi e le more.
Fra gli gnomi
rossi e gli gnomi blu...

## *NUOVA BIBBIA?*

Credi che intenda
*ar*redar*r*e
una (e quattrina) nuova
bibbia?

Oh no! Anche tu? (o tu soprattutto!)
Ma sei lucido oppure è l'acido?
Quante sono queste?
(e guarda che ti sto mostrando il medio!)

Ma perché non dare un senso alla tua vita/e
lasciandoti predare
da qualche più svelto (ma onesto;
dunque affamato...)
animale?

Potrei macchiarmi di qualunque crimine
ma mai
di questo!

*"Attento bimbo: guarda!*
*Questo è bello e buono e vero!*
*Quest'altro, al contrario, è brutto, cattivo e falso!"*

*"Capito bambino? Cancella ogni diabolico dubbio!"*

*"Credi!"*
*"Conserva!"*
*"Schiavizza!"*

Anche perché... *francamente...*
Una già basta!
(ed indietreggia...)

## *PRIMO E SECONDO*

*Primo!*

Di sicuro non voglio
convincere!

Anche perché, essendo fondamentalmente egoista,
preferisco vincere
da solo.

*Secondo...*

Cerco sempre strade
inedite.

Ma, ancor più, interessa rendere
le già battute
di sempre più fini sfumature
articolate.

(almeno una
pura
riusciremo mai a lasciarla?)

*Terzo?*

Io debbo assolutamente imparare a cucinare!
(la frutta)

## *Dr ALBERT*

Di due cose sono certo...

La mia mortalità
e la stupidità
umana!

La prima, però,
devo ancora sperimentarla...

*Gli* Anima*li non pregano.*
*Né votano.*
*Né distruggono!*

Ma, e soprattutto,
l'alito non fa il morto

## *PEZZI DI CARTA ANTIESTETICA*

Le risorse del Pianeta
non sono infinite.

E sono distribuite in modo
inumano.

Ma credi forse che il danaro
abbia un suo valore intrinseco?

*(Anche codeste carte*
*non è che siano particolarmente sapide;*
*ma io intingo lo stampino della mente*
*del mio sangue*
*almeno...)*

Scipite fibre di cotone, lino e canapa...
Inquinate da escrementi
di apoetici
scheletri.

E di germi di
batteri
enfiate!

Siete schiavi di ciò che non esiste!

Ed ignorate
ciò che è.
(che consumate infami
ed ingordi...)

## *E PUR IMPRENDITORE?*

Un uccellino mi ha sussurrato che “tutto il paese
parla” (o Mosca?)
degli atavici miei versi librati
ai venti...
(o ululati?)

Ma a parte il fatto che tutto il paese,
per me,
è un po’ poco...
(temevo di non poter graffiare
il cosmo!)

Però...
Ma allora io sono divenuto (metamorfosi?)
imprenditore!

Cioè...
Occupo la gente!
(da disoccupata che era...)

E, oltredismisura assai più importante, la occupo
in cose (miracolo dei miracoli!) finalmente
intelligenti!
(cioè, me!)
(nonché li rendo oratori...)

Ma, allora, qui occorre monetizzare
(mica sarò mecenate io!)
con uno scatto (alla risposta?)
o una tariffa!
al “minuto”...

Prima, però, devo procurarmi due lancette! (di antenne)
o una clessidra...
(di luna)

## *IL VIRUS DELLA TERRA*

E così (pessimi; od appassiti?) i media c'informano
che il futuro dell'umanità
passerà
attraverso ottuso il filtro (canna-bis?)
d'un (ulteriore!) aumento dei consumi!

Eh sì!
Bisogna assolutamente occupare la gente!
A chi importa il come?

Ehi! Ideona geniaccia!
Ma perché non occuparla tutta (sull'unghia) nel taglio
delle foreste?

Così, almeno,
guariremo di sicuro dal raffreddore.

Ammalandoci di peste!

Cosa che, in realtà, sarà evolutiva sì:
ma per il pianeta...

Perché porterà all'estinzione
del virus della Terra...

L'umano!

Assai più in fretta del (pre)visto...
E così (ottimo; e tondo) il mondo
ricomincerà a pulsare vita.

Peccato, però, che nel togliersi dalle...
radici
l'umanoide porterà con se (quasi) tutti gli altri
animali! (e piante)

## *EVOLUTIVA MORTE*

E certo!
Alle volte la morte
può risultare pure una bella
seccatura!

Ma...
Se non esistesse la morte,
a quest'ora, tu saresti ancora
un batterio.
(ed invece sei un virus!)

## *DOPO LA BONIFICA...*

ih! hi!

ed Io sarei affettato
da religioso
(nonché pòlli-tico)
odio?

Ma dai!
(ma a quante menzogne credi tu?)

Infatti...

Una volta bonificata
una capitalista
monoc(u)ol*(ditta)*tura...

Quello spazio aguzzo
(e ottuso)
può tornare
erbosamente
ad Essere
un religioso,
multirazziale
incolto.

Od una celeste
palude!

Ed, a questo punto...

Io e gli altri grilli ce ne freghiamo
davvero
di in cosa credete voi...

## *LE IMMENSE SFUMATURE DEL VERDE*

Muggiti anfibi d'ombre.
Cinguettii di luci.

Brividi celeri di petali
fra aulenti pensieri di muschio.

Alla bocca del bosco
Esisto.

mi assimilo...

Alle immerse sfumature del verde

## *IL VERDE*

Amore!
Vedi che non me la prendo più a male,
che non litigo più
per niente?

Tanto il verde
cresce uguale...

*(come l'amore!)*

## *SPIGHE VERDI*

*spighe verdi di grano*
*selvatico i palmi*
*caldi*
*al cielo sintonizzano*
*in preghiera*
*spontanea*

*pagine gialle scoppiettanti di ranuncoli*

*neuroni tattili che si fissano*
*lungo le arterie di luce*
*dell'acqua*

*vasi sanguigni azzurrei*

*sotto le ali del bosco sensibili*
*folti crini di funghi*
*odorando amano*

*le isole d'edere che si arrampicano*
*sui muscoli dei fusti*

*ai focosi impulsi dei lamponi*
*timide rose bianche*
*arrossiscono*
*di brividi*

## *OVULI D'ALBERI*

*ovuli d'alberi*
*con coriandoli*
*organici*

*girandole tiepide*
*che misurano*
*il fiato del vento*
*al sole che lento*
*si leva*
*scolpendo lineamenti*
*evidenti di luci*
*d'ombre*

*profuma la notte di note*
*acute di castagni*

*alla lumacosa scia della luna*
*che illumina*

## *LIBRI APERTI*

*infiniti libri aperti*
*di cardi*

*azzurre pagine*
*d'innevate vette*

*pascoli labili*

*poesie perfette*
*e dinamiche*

*biodegradabili rime*
*di remi*
*d'aquile*

*con echi riflessi*
*di erebie*
*al verde*

## *SONAR*

*nubi-ingranaggi*
*di velluti*
*come tasselli d'un Tetris*
*bianco*
*che il mignolo*
*d'Eolo*
*odora*

*la torre*
*del cuore clessidra*
*alla sabbia*
*della mente*
*che sente*

*e che ride*
*e che piange*

*contemporaneamente*

*come più saporito*
*è il pianto nel riso*
*o il riso*
*nel pianto*

*come pioggia e sole*

*meno il riso*
*nelle risacche*
*a puzzle di mondine*

*scatola organica*
*metacarpo in mesozoico*

*significati radi*
*che si scrostano*

*dalle lapidi*
*alle lancette dell'anima*
*al led*
*evaporato*
*d'alcol*

*il re è buono*
*e prigioniero*

*le segrete del cuore?*
*gabbie per pterodattili*

*il labirinto della mente?*
*riflessi*
*sulla neve*
*di sole*

*motosega travestita da mosca*
*che fa il nido*
*fra le fessure*
*di Parche*

*campi di viti*
*luccicanti*
*di grilli*

*pensieri-tratteggi*
*sulla carta carbone*
*delle tegole*

*fra muti spruzzi*
*di idee*
*alle aiuole*

*bare di tarocchi*

*fra canneti*
*di vita*
*friabili*

*vetri rotti*
*sotto a sverniciati incubi*
*e bidoni di sogni*
*rami*
*o ruggini*
*di tombini*
*di brividi*

*sensazioni di compasso*
*alla mente*
*del cielo*
*aggrovigliata di arterie*
*azzurre*

*nubi-crateri*
*pensieri di muschi*
*a levante...*

## *FORMULA MAGICA*

Scerpate o Sterpi!
Ogni ombra di luce.
E come serpi
rigettate ogni bipede demone in sua fossa.
E fioritene le ossa!

Estirpate o Rovi!
Fatevi torvi e come corvi
stregate ogni deserto di cemento.
Come a stella briciola
Fate
ridicola ogni lavagna d'insegna!

Illuminate o Mosche!
Fatevi fosche.
E lavate d'ogni lampione il sole.
Impregnate ogni centro con pennelli di fiori.
Di tutte le sfumature naturali e magiche
sepolte!

Resta o Foresta!
Io ti prego come un insetto stecchito.

Tu li ignori ma io li annuso.
Risorgi e capovolgi!
*a! u! e! o! i! zz...*

Melodi verdi.
Suoni di gnomi.

O umano alienato dal cuore adunco...
Or fatti giunco!
O sparisci.

## *NUVOLE*

Bianchissime nuvole sul cielo
azzurro.

Che buffo!
Sembra un mappamondo!

Un abbozzo d'umana culla e
più sotto un bizzarro stivale
d'aria...

Che bello immaginare che...

Ogni gabbia di nazione.
Ogni dose di religione.
Ogni setta di partito.
Ogni capitalista briciola.

Ogni spigolo di muro...

Possa venir spazzato via
dalla viva
scopa del vento
lasciando
solo
un radioso azzurro.

Ho strappato tutte le mie pagine
e vi ho tappezzato la nostra stanza
graminacea
rendendola
oltremaniera estetica...

O, quantomeno,
originale
nel parato

## *VITA!*

O esemplare
esemplare di homo “sapiens”!

Ciò che tu chiami “ecologia”
non è una setta.
Né una scienza.
Né un hobby
alla moda...

Non è filosofia
o filatelia.

E non è neanche una religione...
(o tamagotchi!)

Poiché non abbisogna dell’umano
per campare...
Anzi!

L’esatto opposto!

Niente spicchi né gadget né ismi...
Capisci?

Ciò che tu chiami “ambientalismo”...

È solo Vita!
(la Tua)

## *EVOLUZIONE! (LA SPIRALE INFINITA)*

Evoluzione non significa
per forza
progresso...

Evoluzione può contemplare
l'involuzione
pure.

Ed, in effetti, quando (presto...)
l'homo sapiens si sarà
autodistrutto
portando con se
la maggior parte delle altre essenze...

Rimarranno forme di vita primordiali
e la fine sarà il nuovo inizio
ed un Big Bang silenzioso
troverà nuovo spazio
quando il tutto ricomincerà da capo...

E se la nostra umanità
fosse solo una delle mol(r)te umanità
evolutesi ed involutesi
su questa terra
dall'(apparente) nulla
in una spirale
infinita?

*avete letto?*
*un inesemplare esemplare di libro spuntato*
*in dieci giorni...*

*come la durata media della vita d'un adulto*
*di mosca*
*domestica...*

*generazione spontanea?*

www.ingramcontent.com/pod-product-compliance
Ingram Content Group UK Ltd.
Pitfield, Milton Keynes, MK11 3LW, UK
UKHW041905190726
13854UKWH00003B/1104